El atentado del cuaderno negro

Ficciones y versos

Angélica Quiñonez

El atentado del cuaderno negro

Ficciones y versos

Angélica Quiñonez

Primera edición, 2020 ©
Portada de Mario Ramos
Diseño y diagramación de Óscar Estrada
95 páginas, 5.5" x 8"
ISBN: 978-1-942369-43-1
Impreso en Estados Unidos.

casasolaeditores.com
info@casasolaeditores.com

El atentado del cuaderno negro

Ficciones y versos

Angélica Quiñonez

Angelica Quiñonez (1990) escritora, analista digital y comediante guatemalteca. Publicó su primer poemario *Teoría de Cuerdas* en 2019. Colabora con una serie de sitios culturales latinoamericanos, incluyendo *(Casi) literal*, *Liberoamérica* y *Te Prometo Anarquía*. También figura como conductora del web-show *La Ciudad de los Libros* e integrante del colectivo centroamericano Comedia con Banquito.

¿Alguna vez te han dedicado un libro?

Dewey 819

Cuando volvás a la librería
buscame junto a las novelas como acordamos antes,
mucho antes.
Uno vuelve a los lugares donde amó la vida
(se supone)
o más bien los lugares donde amó, sin objetos ni
adverbios.
Y es curioso, ¿sabés?

A estas alturas ya no me importa qué prometiste,
qué me quitaste y qué rompiste.
¿Qué habría yo de saber sobre gracia y dignidad?
Acercate, entonces.
No tiene caso que callemos ahora.
Rozame sin querer.
Saludame de beso y abrazo.
Contame al oído los 36 versos de Browning.
En algún punto, pienso, podría inventarnos un final así.

He de confesarte esto:
suelo soñar con la venganza,

y podría perseguirte hasta el fondo del infierno
por mi cuaderno negro.
Pero te juro que esta vez será distinta,
principalmente porque pienso quedarme.
En cambio vos, ahora,
podrías decepcionarme
bien y despacio
para que lo soporte sin llorar.

La Última Cena

Mi madre nunca me enseñó a cocinar. De hecho, no me permitía entrar a la cocina. Jamás partí un pimiento ni corté una cebolla. Jamás aprendí el truco para encender la estufa con una sola mano. Me confunde el solo mecanismo de un abrelatas.

Y no es que yo fuera una mimada. Por el contrario: tenía múltiples obligaciones para limpiar la casa, lavar la ropa y ordenar la cristalería. Tenía también la silenciosa obligación de servir primero a mi padre y mi hermano mayor, planchar sus camisas y nunca hacerles preguntas. Ahora bien, Mami no era exactamente una diosa doméstica. Nuestra casa estaba adornada con cualquier cachivache de la repisa de descuentos o aquellos nefastos regalos de Navidad "para toda la familia", como el cuadro de la Última Cena al que nunca le pudimos despegar la tarjetita de Familia Monroy (nuestro apellido es Aguilar). Sus platillos, en su mayoría, consistían en verduras enlatadas, macarrones de cajita y carnes ahumadas o embutidos. Mami estaba profundamente orgullosa de su pragmatismo.

Mientras yo sacudía la casa, ella me supervisaba. Solía comentarle lo que estábamos aprendiendo en la escuela o algún chisme de mis maestras o mis compañeras que ella interrumpía para corregirme la postura. Mi soliloquio pasaba de las habitaciones a las gradas, de la sala al comedor y hasta la puerta de la cocina. En ese punto, mi madre señalaba al trinchante y me recordaba sin falta que usáramos la vajilla de diario con las margaritas azules. Ya a la hora de la cena, Jorge y mi padre dialogaban acaloradamente sobre economía libertaria, historia de la industria combustible, jazzistas sesenteros, legislación ambiental o vehículos de todo terreno. Mami y yo masticábamos en silencio.

Una semana antes de mi cumpleaños número diecisiete, mis padres salieron a celebrar su aniversario. Mi hermano recibió un par de billetes para que ordenáramos pizza y sin chistar los guardó en su pantalón. Tan solo el auto de mis padres se perdió de vista, Jorge salió por el patio trasero recordándome que si abría la boca lo pagaría muy caro.

Era un jueves, así que decidí adelantar los deberes y darme un descanso de la limpieza. Cuando terminé sentía mucha hambre, y quizá fue por la desfachatez de mi hermano o el cansancio mental de las integrales, pero casi sin darme cuenta atravesé la puerta de madera giratoria y entré al reino prohibido. Mi pulso comenzó a acelerarse y tomé la absurdamente valiente decisión de cocinar mi propia cena.

Sin la menor idea de cómo o dónde empezar, dispuse explorar las alacenas y gabinetes. Había decenas de recipientes herméticos en perfecto orden, pero en una de las gavetas, detrás de unas paletas plásticas, hallé un libro. *Recetas de oro.*

Hojeé con un paulatino desencanto. No tenía ni la

mitad de los ingredientes requeridos en cada página, y tampoco sabía qué diablos era el «baño María» o el «salteado». El llanto comenzaba a apretarme la garganta cuando hallé la entrada más corta: *El omelet esencial.*

Tres huevos, dos cucharadas de leche, una pizca de sal, una cucharadita de mantequilla y un cuarto de taza de queso mozzarella. Releí hasta diez veces la receta y sus indicaciones antes de reunir mis materiales. Los ingredientes tuvieron que sufrir leves alteraciones: preparé algo de leche en polvo, medí una cucharadita de aceite de canola y saqué tres rodajas de queso amarillo emplasticado. Amarré mi pelo en un moño y comencé a cocinar.

Quebré los tres huevos sobre un tazón para cereal y retiré casi todos los fragmentitos de cáscara rebeldes antes de empezar a batir. Agregué la leche y sacudí la mezcla hasta ver el tono de amarillo más hermoso que puedo recordar. Luego, esparcí el aceite sobre la sartén con mi dedo y encendí la estufa. Mi índice izquierdo recibió una pequeña y excruciante quemadura, pero lo amarré en una servilleta y continué. Con mucho cuidado pinché mi pulgar y meñique para extraer unos granos del salero, y mientras los rociaba la tortilla comenzaba a inflarse. Mi intento de voltearla resultó en un omelet roto, pero descubrí con enorme alivio que la ligosidad del queso podía disimularlo. El resultado final fue levemente más marrón que el de la fotografía en el libro, pero juro que olía y se veía exquisito. Fue tal mi alegría que decidí permitirme uno de los platos para invitados de la vajilla matrimonial.

Estaba a punto de sentarme a comer cuando recordé el desorden de cáscaras, recipientes sucios y un sartén lleno de costras. Decidí que al menos para guardarme este secreto sería preciso lavar, pulir y secar toda la evidencia. Puse el plato sobre mi puesto en el comedor junto con una hogaza de pan sándwich, a falta de una baguette fresca, y delicadamente cubierto con una servilleta de papel.

Cada utensilio volvió a su lugar, pulido y limpio como si nada había pasado. Justo entonces me invadió una punzada de náusea y un torrente de lágrimas saltó de mis ojos. Tardé un buen rato en convencerme de que no estaba haciendo algo maligno, que mi madre jamás se enteraría y que si algún día llegaba a vivir sola o con un esposo podría preparar los más finos omelets en el planeta. Quizá hasta llegaría a ser una famosa chef en la tele o en un restaurante. Eventualmente me controlé y refresqué mi rostro en el lavatrastos.

Me serví un vaso con jugo de manzana y volví al comedor justo cuando mi hermano se estaba levantando de la mesa.

Lo que pasa después

Solía ser así de ingenua,

pero talvez debería hacer mi paz con eso.

Era hermoso hablarse con adverbios absolutistas,

o inventarse las manifestaciones de lo sagrado

en las luces de la calle.

El mundo podía ser tan cruel como el domingo en la tarde,

o tan perfecto como un lirio amarillo casi marchito.

Servirá algún día para editarme las memorias

o alucinar sin asistencia bioquímica.

Por ahora,

tengo el fantástico vicio del miedo

y podés sentarte conmigo para que encendamos uno.

Cuando cerrés los ojos

verás todos los tonos del vértigo.

Y si oís con atención

hasta podrás decir que conocés todas las letras,

de todas las canciones que te hicieron,

y destejieron sin que te dieras cuenta.

Vas a enamorarte por un segundo,

pero al menos tratá de no excederte.

Y sonreí,
porque al fin y al cabo,
yo también juré que moriría sin su boca–
y aquí estoy.

Carrusel

Javier espera en la cola del supermercado. Tiene suficiente para pagar una caja de cereal, dos litros de leche y un garrafón de agua, y ojalá le aguanten las dos semanas. Aún no consigue otra audición, pero aún debe pagarse el gimnasio, o la renta. Y en serio, no entiende qué carajos hace aquél tipo trajeado colándosele, gritando en el teléfono mientras le tira dos billetes a la cajera y sale con sus cigarros, su Coca-Cola y su bolsa de nachos.

La verdad es que Andrés no desayunó y no puede irse con el estómago vacío a la primera reunión. Sus socios pueden oler los nervios. Anoche encontró un leotardo rosa, hasta entonces desconocido por él, dentro del cesto de lavandería: encaje transparente, detalles de plumas y un estratégico corte en la entrepierna. ¿Qué razón tendría Beatriz para comprarse y lucir algo así de vulgar, tan diferente de los brassieres color carne y los calzones de tiro alto que él le ha visto por siete años…? Andrés deja un segundo mensaje con la secretaria de su abogado. Ingrid se muerde las uñas acrílicas. Intenta calmarlo y le repite que el Licenciado no volverá de sus vacaciones sino hasta el otro domingo.

El Licenciado trata muy bien a Ingrid. Siempre ha dicho que contratar a una madre soltera y vieja es garantía de que ella se aferrará con uñas y dientes al empleo. Ingrid entra a las siete en punto de la mañana, y no reclama si él le pide que se quede organizando archivos después de las siete de la noche. Tiene un hijo estúpido en la Universidad que quiere ser músico o maestro o las dos. El Licenciado sintió lástima por Ingrid desde el primer día. A veces le regala media docena de rosas, le da el dinero para que ordene su cena en el bistro si se quedará hasta tarde. Total, el muchacho ya debería estarla cuidando a ella.

Y es que el iluso de Aldo dejó el cuarto año de mercadeo para aceptar que lo suyo es la guitarra. Su mamá le rogó que sacara al menos un grado que le consiga trabajo, pero no supo qué responder cuando él le dedicó un bolerito en la guitarra y la convenció de creer en su sueño. Sus compañeros no dejan de alabarlo, pero Aldo no entrega una sola tarea para salvar su vida. Lleva tres años paseando con los mismos demos de veinte segundos que mezcló en la computadora. Nadie humanamente puede interpretarlos, pero Aldo prometió que este año hallará a la orquesta de su obra prima: *Vanos arcanos: El musical.* De nuevo, no tiene sino sesenta segundos de música que jamás culminan, pero la historia vale la pena. La concibió la tarde que Michelle terminó con él en la salida del cine. Dice que jamás volvió a ser él mismo.

En el tráfico, Michelle aprieta la bocina del Honda y grita un hilo de insultos al conductor de enfrente. Revisa su reloj de pulsera. Acomoda el retrovisor para aplicarse otra capa de labial. Quince minutos después, la mujer con el saco de poliéster y la blusa barata la deja entrar a la oficina. Es su quinta entrevista de trabajo esta semana. Michelle trata de ignorarlo, pero ¿cómo diablos puede ese estropajo dirigir la agencia publicitaria más galardonada del país? El maquillaje mal puesto, el atuendo descombinado y el pelo lleno de frizz pertenecen a algún antro de drogadictos. Michelle le contesta con monosílados y pisa los tacones con más fuerza al salir. Sabe que no volverán a llamarla, pero lo cierto es que nadie que tenga las cejas asimétricas puede asomarse a humillarla. Es un buen momento para irse con Carol a tomar un café.

El Honda perturba la paz de la calle con el último disco de Beyoncé. En la intersección, Rolo se acerca a la ventana y golpea suavemente con el vaso plástico. El volumen sube y la conductora lo ignora. Una mano sale del vehículo siguiente y sacude un billete de color atractivo. Rolo lo toma antes de que cambie el semáforo. Al desdoblarlo, el billete ostenta el rostro de Jesús, *Mateo 25:29* y el logotipo de la Iglesia de la Preciosísima Sangre.

Dilia solía perseguir a los malditos que le regalaban billetes falsos. Más de una vez, Rolo tuvo que saltar a su rescate cuando apedreó la *suburban* equivocada. Ella parece haber nacido sin miedo, pudor ni vergüenza. Pero Dilia desapareció de la cuadra hace varias semanas, abandonó las tres naranjas de su acto callejero. Nadie ha podido darle razón de a dónde fue. Bueno, nadie excepto por el taquero. Le comentó a Rolo que la había visto subiéndose a un bus extraurbano de madrugada.

Jairo sirve un puñado de carnitas sobre los pliegues de las tortillas. Extiende al cliente los guacales con cebolla, cilantro y tomate picado. Herber adorna sus tacos y se sienta en el banco plástico a comer. Jairo pregunta si hoy le pagará los dos meses de fiado o si pretende seguirse haciendo la bestia, pero Herber lo ignora. La tenaza de Jairo golpea la bandejita. Carnes y condimentos se riegan en la banqueta. Herber saca su escuadra del pantalón y le acierta dos disparos al cráneo. Lástima. Realmente le gustaban esas carnitas.

Douglas graba el asesinato con su teléfono. Sin parar de gritar, culmina la grabación y la carga en un tuit. #SeguridadParaCuando. El video alcanza dos millones de reproducciones en cinco horas. La cuenta de @douglasronaldo85 recibe cuarenta mil nuevos seguidores. Esa tarde, Douglas sube su mejor foto y se prepara para convertirse en *influencer*.

#Taquicidio es la última tendencia geográfica, pero Verónica ignoró la notificación de su celular. Las fotos que le envió a Carlos no han dejado de circular desde anoche. Números desconocidos le envían imágenes de penes y mensajes asquerosos. Entre clases, dos chicos se acercaron a manosearla. Las chicas han dejado de hablarle porque, total, Verónica lo merece por zorra. Carlos se graduó el mes pasado y dejó de llamarla, o amarla que es lo mismo. Antes de hallar la nota de suspensión del colegio, sus padres la descubrieron asfixiándose con una bufanda en el clóset.

La demanda de los señores Pineda amenaza con cerrar el colegio. Miss Martha se sirve un té cargado y otra dosis de Valium. Lamenta el día en que aceptó a ese delincuente para repetir el bachillerato. Pero don Gustavo le donó el laboratorio de computadoras, dos duelas de baloncesto y una camioneta nueva. Le insistió que el chico necesitaba dónde pasar el día para no meterse en problemas, y de paso que aprendiera algo de matemáticas gringas. Un policía y dos fiscales la esperan en Recepción.

Donald revisa la declaración antes de colocar el sello de la Fiscalía. Las fotos de la muchachita le revuelven el estómago. Graba el tercer disco de evidencia y llama a Claudia para preguntar por la nena. Su mujer indica que Gaby está arriba ensayándose los peinados para la fiesta de quinces. Por favor, Señor Jesucristo, consérvala flaca, fea, y virgen.

Claudia sale del apartamento para recoger el correo. Doña Socorro sale cojeando del 410 con una bata inmodestamente amarrada y las pantuflas en la mano. Claudia no tiene el corazón para ignorarla cuando la anciana le pregunta si ha visto a Anselmo. Hágame la caridad, Claudita, y no le cuente a mi esposo que tengo a mi amante allá adentro. Doña Socorro vuelve a su puerta, exigiéndole al galán ausente que la devore en el establo otra vez.

Anselmo se pudre seis pies bajo la finca desde 1988. La finca ya ni siquiera existe porque la dividieron: la convirtieron en una iglesia primero y en una maquila después. Luego fue una discoteca de la que no consigo recordar el nombre porque estaba muy borracha en 2005. Eventualmente construyeron las oficinas de la financiera en esa misma calle. Salí ayer en la tarde de camino a mi casa cuando me encontré a Javier y corrí a abrazarlo. Se veía preocupado: me pidió una llamada y salió corriendo con mi celular en la mano. No creo que lo vuelva a ver.

Pero solo hablamos

Te parecés a alguien que conozco.
Y ahora probablemente te preguntás
si pienso en su mirada rota
o su nariz hinchada,
si pienso en el café que no nos terminamos,
en el azul que le gusta
o solo el pálido de su entrepierna.
Y mientras te veo
imagino que pude decirle
"sos todos lo que quiero
y seré cuanto vos querrás"
o al menos "te quiero
–aunque vos no querrás".
Sería mi pequeña tregua con el tiempo,
mi trozo de la realidad
en el borde de una porcelana.
Pero si supieras lo que supe después,
vos también querrías que me callara
y volteara a verme en la ventana
sin parpadear.

Lavanda y azul

Posiblemente como describo que te amo es la forma en que los libros te dicen que se puede amar y la realidad te dice otra cosa.

Iram Cóbar

Seis meses después del entierro, reuní el coraje para ordenar las cosas de mi madre y liberar el espacio de su habitación. Mientras tanto, Papá revisaba los contratos del seguro en el estudio. Mi hermano nunca contestó sus mensajes. Quise que el día fuera lo más normal posible: horneé galletas de azúcar, preparé café, puse un poco de música en la sala antes de empezar.

Vacié su lado del armario, el baúl y las seis gavetas. Mamá siempre fue más alta y delgada que yo, cualidades que indiscutiblemente la hacían más elegante y coqueta. Guardé sus joyas porque jamás podría vestirme con cualquiera de sus prendas- salvo una.

El vestido es el más hermoso que tengo, más bien el único: un *shift* de terciopelo lavanda y azul marino, desmangado, cortísimo, que bien pudo copiarle a Twiggy. Estaba considerablemente menos gastado que los otros vestidos, casi nuevo. El corte holgado le daba un sensual movimiento a la extrema delgadez de Mamá, y aún hoy perdona mi figura más ancha y bajita. A Ligia le encanta que me lo ponga porque ella suele reprocharme cómo odio enseñar las piernas.

Doblé docenas de blusas, vestidos, faldas y pantalones. Y luego de ordenar las cajas para donación y limpiar las repisas decidí probármelo. Aun descalza y despeinada me sentí extraordinariamente provocativa. Me descubrí delicada, vulnerable sin mi uniforme personal de jeans negros, botines y playeras de bandas oscuras. Acaricié el terciopelo sobre mis pechos y cintura hasta que sentí el bulto en un bolsillo oculto. Extraje una llave y una hoja descuidadamente doblada. Leí.

Mi Alejandra

Antes de que regreses a casa esta tarde, quiero que conozcas lo que más sueño en este mundo. Lo que más añoro, mi princesa, es la posibilidad.

Quiero inventarme todas las maneras de amarte. Quiero regalarte todas las magnolias de Olympia, todas las canciones del trovador en Sexta y San Jacinto.

Quiero que tengas todo en esta vida- y quizás me atreva a alcanzártelo.

Te he amado como la soledad que solo experimentas cuando estás contigo misma, pero quiero que jamás vuelvas a andar sin tomarme la mano.

Gael

21 de mayo de 2002

P.D. Casi lo olvido- me encontrarás en el 4-82, en la última calle sobre el bulevar Paolo Ramos.

Reconocí inmediatamente la fecha de mi cumpleaños número trece. Luego ubiqué el bulevar como uno de esos lugares que conocía pero difícilmente frecuentaba. Y sí, habían pasado quince años desde entonces, pero por más que intenté no conseguí recordar a ningún Gael.

Alejandra. Mi madre casi nunca usaba su nombre completo. Mi padre, mis tías y todas sus amigas la llamaban Lita. Mamá tampoco guardaba cartas –famosamente las quemaba cada Sábado de Gloria– así que inútilmente busqué en su álbum de bodas una caligrafía similar a la de la nota.

Regresando a mi apartamento esa noche pasé frente al bulevar. Me estacioné sobre la avenida con luces de emergencia, y corrí sobre la calle, demasiado angosta para un vehículo normal, contando en regresivo: 5-00, 4-96, 4-87...

El 4-82 correspondía a un estrecho muro con una sola ventana y una puerta de metal. El interior, aunque oscuro, sugería un piso pequeño. Sin pensarlo toqué tres veces, pero inmediatamente me arrepentí y salí corriendo de vuelta a mi carro.

Obviamente no se lo conté a mi padre ni a mi hermano. Ligia empezaba a salir conmigo, pero no se lo contaría sino un año más tarde, por aquella dulce y absoluta sinceridad que solo existe en la cama revuelta.

No dormí esa noche. Regresé al 4-82 cerca de las seis de la mañana. Llamé nuevamente y me obligué a no correr. Pasaron diez minutos sin respuesta. Una mujer salió de la casa aledaña para recoger el correo, y extrañada me explicó que nunca había visto a nadie entrar ni salir del portón.

Fingí que me alejaría hasta que ella regresó a su casa. Entonces tomé la llave y la introduje en el portón. El cerrojo se abrió sin esfuerzo y respiré un leve olor a polvo y humedad. Entre la oscuridad y el piso de cerámica vieja ubiqué la ventana en la habitación contigua. Tras las cortinas cubiertas de telaraña, la luz solar inundó la sala.

No había sino un pequeño sillón apolillado, una mesa para café y una estantería incompleta con una enciclopedia, novelas amarillentas y vinilos viejos sin el tocadiscos. Recorrí el resto del pasillo. Hallé un baño con artesa y grifería antigua– el agua aún corría, aunque la luz se había cortado. Las toallas estaban manchadas de humedad, y entre los azulejos empezaba a crecer un musgo rojizo.

La cocina-comedor tenía un escaso equipamiento pasado de moda. Tuve desconfianza de abrir el refrigerador, pero en las alacenas hallé paquetes sellados de galletas, cajas de té y café instantáneo. Otro estante contenía media docena de botellas de cabernet Doña Rita, 2001— nuevas, por supuesto. La cafetera y la hornilla eléctrica estaban empolvadas, pero no podrían haber tenido mucho uso. La mesa redonda reunía tres sillas nada combinadas. Por suerte, no me encontré a la rata que carraspeaba detrás de los gabinetes.

Las pequeñas ventanas en cada habitación permitían

suficiente luz para prescindir de la electricidad– al menos por la mañana, al atardecer probablemente era otra la historia. La última puerta era el dormitorio. Contenía una cama matrimonial extremadamente mullida, casi sepultada con el desorden de sábanas torcidas y almohadas de plumas. A los lados, dos pequeñas mesitas de noche con lámparas de lectura. Todo estaba protegido por una película de polvo. Una mesa de noche tenía revistas de moda, pero la otra tenía un marco de fotos. De hecho, me tomó un par de minutos percatarme de que la pared opuesta a la cama contenía docenas de fotografías enmarcadas, una serie claramente creada por un profesional.

Reconocí enseguida a mi madre, un par de décadas más joven aún y más arreglada que de costumbre. Ella, sobre un columpio de madera, entre un campo de milpa, bajo la sombra de un pórtico. No sé por qué se me hizo tan extraña su expresión, una leve mueca de labios con los ojos esquivos. En una sola de las fotos, su mirada esquivaba la cámara. Mi madre estaba abrazada a un hombre un poco más joven. Las manos de él en la cintura de ella, las manos de ella enterradas en el pelo de él. Sus labios cercanos y apenas entreabiertos. Las columnas y ladrillos de una casa en construcción –¿o deconstrucción?– los rodeaban.

Supongo que Gael no era tradicionalmente guapo: alto, muy moreno y no muy delgado, con la nariz achatada pero la mandíbula marcada, el pelo medio largo dispuesto en rizos flojos. Jamás en la vida había visto a alguien parecido– ni lo volví a ver, la verdad.

Los colores de las fotos parecían desvanecerse al blanco. Escuché el continuo y agudo silbido en mi cráneo. Mareada, me dejé caer sobre la cama. Mi espalda chocó con una pieza dura: la caja negra recubierta de gamuza para un anillo, vacía.

Cumplí trece años un martes. Papá estaba fuera del trabajo otra vez, durmiendo desde el mediodía. Creo que Enrique estaba estudiando donde un amigo. Yo hacía los deberes en mi cuarto, consciente de que no habría una celebración. Mamá volvió tarde pero traía un pequeño pastel de chocolate. Me dijo que trece era una edad importante, después de todo. «Eres una mujer ahora, Paulina.» Llevó un índice a mis labios y puso en mi anular derecho un anillo. Besó mi frente. Abracé el terciopelo lavanda y azul y pensé que lloraba por la emoción.

Cuando el anillo dejó de quedarme en las manos empecé a usarlo en mi cadena junto con otros dijes y aretes sin par. Mamá le dijo a mi padre y a Enrique que se trataba de una piecita de fantasía, pero Ligia, al verlo años después, me demostró lo contrario. «Tres diamantes en corte de princesa. Medio quilate con claridad absoluta. Montura flotante de paladio. Nena, ¿de verdad pensaste que esta era una baratija? Tu mami debe quererte mucho.» A Mamá nunca llegué a agradecérselo, ahora que lo pienso. No sé si podría.

Salí cerca del mediodía y nunca encontré el valor oportuno para regresar al piso. Semanas después, pasando por el bulevar, noté un rótulo sobre el 4-82: «SE VENDE TERRENO». La puerta fue arrancada y las ventanas estaban abiertas. Sobre la acera, los vecinos ya se habían dividido los muebles y aparatos viejos. Quedaba la estantería, ahora rota, con un par de discos rotos y libros descosidos.

Distinguí algunas de las fotos arrugadas en el desorden, casi borradas por la exposición al sol y la intemperie. Solo entonces noté que la extrañísima expresión en el rostro de mamá era su sonrisa.

Y quinientos rones

Voy a admitirlo:
era lindo, a veces.
Cuando pienso en los atardeceres llovidos
y el bar atestado,
muero por morderte la lengua
con el gusto de una vulgarísima mandarina.
Juro que la paz
–finalmente–
la entendí cuandos
me desarmaste.
Recorrimos este mundo
y los otros
sin siquiera abrir la puerta
ni encender el auto.
Jamás decías que me amabas,
pero yo sabía que era cierto de vez en cuando.
(ni siquiera los profetas
creen en el amor absoluto–
y ni vos ni yo
tenemos vocaciones redentoras)
Caminábamos hasta tu puerta

y nos despedíamos de a mentira.

Y está bien: no era feliz

pero con mucha suerte puedo decirte que no estaba triste.

No como antes, al menos.

Nora o la tormenta

Me cuesta un poco admitir cuánto llegué a odiar a Mauro. Era imposible que compartiéramos una habitación sin que inevitablemente escaláramos de una minúscula queja a una ronda de insultos gritados. Él me llamaba una impetuosa ignorante y yo insistía que el era un insufrible sabelotodo. Luego supe que esas fueron las exactas palabras con que Claudia lo describió en la oficina del juez. Nunca más volví a mencionarle la frase.

Joel solía ingeniárselas para juntarnos. Perdí la cuenta de cuántas conversaciones rescató, sondeando delicadamente cuando alguno de los dos comenzaría a perder la cabeza. Apretaba mi brazo cuando mis bromas se tornaban agrias, y a Mauro le recordaba que no debía tomarse todo tan en serio. La verdad es ni siquiera sus pequeñas rachas de autodesprecio podían aplacar nuestros egos. Tardé un par de años en reírme de lo similares que siempre fuimos, Mauro y yo.

No creo en las epifanías a lo Charles Dickens. Para empezar, yo no podría haber hecho esa referencia sin que Mauro me la hubiese mencionado. Se trata de las milagrosas transformaciones de tinte cristiano que un personaje sobrelleva tras el fatídico encuentro con la pureza y pobreza de la humanidad. No creo en los milagros pero puedo decir con absoluta certeza que ambos cambiamos tras la tormenta.

No recuerdo los pormenores. Tal vez fue un lunes o un

miércoles, pero estaba sola en casa y Mauro llamó para recoger la documentación de un caso. Cuando abrí la puerta del apartamento, él estaba mojado y fastidioso. Yo tenía la caja junto a la puerta, lista para despedirlo con la mayor diplomacia posible, pero él preguntó si podía esperar a que se calmara la lluvia. El estruendo de granizo en las ventanas me hizo pensar en lo decente y cortés que sería Joel, y sin otro comentario le señalé el sofá y ocupé la silla opuesta.

Guardamos un viscoso silencio sin mirarnos a la cara, hasta que me aburrí y decidí servirnos un trago. Regresé de la cocina con dos gin tonics y puse uno frente a Mauro que murmuró algo como "gracias". Así que bebimos, agradecidos porque el ruido de la tormenta cancelaba la necesidad de hablar.

Aún suelo subestimar lo terapéuticas que son las pausas y los silencios. Cuando Mauro finalizó el divorcio, Joel y otros dos amigos convocamos a una bacanal en esa cabaña junto al lago. Bebimos demasiada cerveza y gritamos estupideces por horas, pero acabamos callados, viendo el amanecer mientras ellos fingían que Mauro no sollozaba sobre mi hombro. Mauro y yo nos pertenecíamos de una forma difícil de explicar, y a veces creo que eso asustó a Claudia hasta dejarlo. Pero eso del lago fue mucho después de la tormenta y aún no imaginábamos, ni por asomo, lo que pasaría después.

De nuevo, la lluvia comenzaba a calmarse cuando Mauro se levantó. Me preparé para despedirlo, pero tomó mi vaso y anunció que prepararía la segunda ronda. Mientras él caminaba a la cocina, decidí prender el estéreo con el *Unplugged* de Nirvana. Mauro volvió y me sonrío sin el sarcasmo de costumbre. Me entregó el trago y luego de chocar su vaso con el mío me señaló el sofá. Dijo algo como: "esa que suena fue la primera canción que aprendí a tocar" y luego me confesó que siempre fue el chico más ñoño de su grado, y que la única razón por la que quería tener amigos en la secundaria era para formar una banda. La habría bautizado Tigralia y los guardianes del ritmo ancestral. Creo que ahí nos reímos juntos por primera vez.

Para no dejarlo colgando, le conté cómo empezó mi carrera de pintora, una historia que tiene poco que ver con los murales históricos y los premios estatales y mucho que decir de mi hábito de dibujarme en los brazos de Leonardo DiCaprio. Reímos con más ganas, intercambiando historias cada vez más vergonzosas de nuestras adolescencias –actuales o no– y acabamos preguntándonos cómo pudimos coincidir en alguien tan dispar como Joel Romero. Me quité los zapatos y me senté con las piernas encogidas en el sillón. Mauro, inadvertidamente, recostó su cabeza en mi regazo. A la fecha, nunca nos hemos disculpado por los años que casi nos desnucamos, pero al tenernos cerca comenzamos a enternecernos hasta la médula. Mauro llegó a admitir que gustaban algunos de mis chistes.

A eso de las once, cuando finalmente nos percatamos de que la lluvia y el disco habían terminado, Mauro tomó su abrigo. Junto a la puerta, besó mi frente antes de darme las buenas noches. Joel llegó más tarde cuando yo ya estaba dormida. Y así fue. Mauro se hizo al hábito de cenar con nosotros todos los viernes, aún cuando Claudia se rehusaba a acompañarlo. Desde ese día no se perdió una sola de mis exposiciones y yo me aseguré de que todos los casos que él y Joel ganaran –o perdieran– se discutieran con suficiente whiskey. Siempre dejamos que Joel se ufanara de su proeza mediadora para zanjar nuestra Tercera Guerra Mundial. Si voy a ser honesta, él siempre fue lo mejor de los tres.

Tal vez lo supo antes que nosotros ahora. El panteón se vacía y los dolientes poco a poco vuelven a sus voces normales. Aunque no hace frío, Mauro se ha quitado el abrigo y lo ha puesto sobre mis hombros. Nos aleja de la multitud y la familia de mi suegra porque Nora se ha dormido entre sus brazos y no quiere que nadie la despierte. Con absoluta delicadeza, Mauro acomoda a mi niña en el asiento para bebé. Aún me faltan las fuerzas para mirar la rara sonrisa que dibuja su carita. Creo que Nora sabrá intuir con, mayor certeza que su padre, cómo tomar los precarios hilos del amor para atarnos de nuevo.

Como son las cosas

Cuando empiece a olvidarlo todo
quiero empezar con vos.
Así no tendré un nombre que darte
pero tendré sustantivos precisos,
sustanciales
como ron o risa,
radial o risco,
que sean parecidos
a nosotros
en esa forma en que no nos parecemos.

Cuando no vuelva a caminar
conservaré la ruta de tus labios,
mi mapa imperfecto de un destino
cada vez más brillante y remoto.
No hablaré algún día,
y el lenguaje tendrá que subsistir
como los grillos y las piedras,
el llanto y las turbinas,
el ruido que ignoras cuando arranca el auto.

Por eso tendré que olvidarte
como suele pasarme
con las llaves y los cumpleaños:
casi sin percatarme
hasta que sea muy tarde.

La noche del compromiso

Estaba lista desde las 3:00 porque la cena sería a las 7:00. Cuando Tom vino a recogerme, estaba a punto de cambiarme de ropa por octava vez. Esta noche conocería a la familia de mi novio y después del postre anunciaríamos nuestro compromiso.

No es que sea tímida, pero realmente me cuesta entablar una conversación que no se vuelva dolorosamente incómoda. He confundido segundos cónyuges, títulos de estudio y –de manera más penosa– apodos que me han ganado la indiferencia y odio de muchas personas. En docenas de ocasiones he provocado el llanto de desconocidos que solo se acercaron a preguntarme la hora. Una vez terminé recibiendo lo que, después supe, era el sacramento de la confesión cuando le cedí mi asiento a un anciano en el metro. No sé cómo lo hago y por eso nunca he sido capaz de detenerme. Tom lo encuentra adorable, pero era lógico asumir que conocer a sus padres podría resultarme catastrófico.

Necesitaba que esta noche fluyera en paz: que fuera un evento plácidamente emotivo pero impersonal para tomarnos fotos, repartir abrazos y admirar mi anillo. Nadie habría de entrar en intimidades, nadie buscaría pleito y, sobre todo, nadie terminaría explorando las heridas emocionales de su segunda batalla de custodia, cómo se hizo a cicatriz de la ceja y cuántos de sus ahorros perdió tras su declaración de bancarrota comercial. Nada bueno comienza con una larga historia.

Los padres de Tom me saludaron con un abrazo y beso. Después de enviarlo a ayudar en la cocina, Dori (como insistió que la llamara) me desfiló por el patio, presentándome hasta al último primo, tío y sobrino llegando al tercer grado. Todos tenían un cumplido para Tom y otro para mi vestido. Finalmente, su esposo Sam me entregó un daiquiri bien cargado y me condujo al lugar de honor junto a su hijo. En cuestión de segundos, los casi 60 invitados encontraron su lugar en las mesas interconectadas en media luna.

Era una tarde fresca. El patio lucía elegante con sus antorchas de mimbre y toldos de algodón. Las mesas estaban repletas de ingredientes para armar tacos, incluyendo atún y berenjena por alguna razón. Tras una breve oración pasamos a servirnos. Comenzaba a idear la manera de meter un taco sobrecargado de queso y carne en mi boca con la mayor gracia posible cuando Dori me llamó. Tom sonrío y limpió un poco de salsa de mi comisura derecha. La familia me observaba con silenciosa anticipación. Tomé un par de segundos para ordenar mis palabras y decidí romper el hielo antes de la tremenda noticia.

–Es un gusto y honor conocerlos, Familia. De hecho, propongo un juego. Imaginen que reman en una canoa hasta el centro del lago Emaki. Luego, toman una toalla playera y la sueltan al agua. ¿Qué creen que pasará? ¿El agua subirá, bajará o se quedará igual?

Tom apretó mi mano en lo que al principio asumí era una cariñosa aprobación, pero lentamente escaló en arrepentimiento cuando su hermana menor contestó.

Anitza aseguraba que la toalla absorbería suficiente agua para que el lago bajara, pues la compactaría en un espacio menor. Pero el primo Edwin señaló que la densidad de la toalla no provocaría un desplazamiento equilibrado, y que la adición de un cuerpo extraño subiría el volumen del lago. Con una sonrisa cínica, el padre de Edwin les recordó que se trataba de una to-a-lla, y que, aunque se introdujera una bola de boliche, el nivel del agua no se movería. Pero luego la sobrina de Tom, Becky, dijo que sin un dato específico sobre los materiales en la toalla o la bola sería imposible devolver un resultado exacto. Otra de las tías dijo que eso no importaba porque el lago Emaki cuenta con una maldición aborigen que absorbe sin rastro cuanto cae en él. Sam soltó una carcajada y le repuso que la superstición es el peor obstáculo para una observación científica. Becky dejó su lugar al lado de la tía y se sentó junto a Sam para que plantearan una hipótesis. Víctor, el hermano mayor de Tom, me preguntó por qué estaba tan interesada en los fenómenos acuáticos, pero antes de que pudiera contestar su esposa le golpeó el codo y le recordó que la imprudencia con los recursos naturales estaba asfixiando al planeta. Aprovechó para preguntar si una toalla de algodón orgánico podría ser menos nociva que una de poliéster. Otra de las primas de Tom preguntó si había una velocidad y ángulo para lanzar la toalla en primer lugar, detallando después los pormenores del movimiento parabólico. El abuelo indicó que el lago de todas maneras tendría demasiado movimiento para determinar su altura, y dos de los nietos respondieron que la verdadera medida era la profundidad del agua o el volumen métrico, pero no lograron ponerse de acuerdo.

Los platos fueron puestos a un lado para dibujar complejos diagramas en el mantel de papel. Instigada por sus hijos, Dori corrió a la cocina a traer un enorme recipiente plástico, una regla y una toalla de manos. Anitza sugirió que se incluyeran plantas y un par de peces para darle realismo al experimento, y su hermanito arrojó servilletas y envoltorios de dulce para replicar la contaminación ambiental. La esposa de Víctor comenzó a llorar al recordar el estado de los lagos, y me gritó que estaba motivando a los niños a ser contaminadores casuales. Sam dijo que ella debía dejar su melodrama y Víctor no pudo defenderla porque necesitaba romper ese debate sobre cuál unidad de medición sería apropiada. Repentinamente, dos de los nietos comenzaron a golpearse. Laura, la tía solterona, les repuso que la ciencia era lo que eliminaba la Gracia de Cristo de las personas. Glenda y su hermana estaban en desacuerdo sobre las dimensiones de una toalla playera en versión europea o americana. Y Jonathan, el menor de mis cuñados, había comenzado a trasladar a los inquilinos de la pecera de la sala a un vaso que claramente aún contenía daiquiri.

Eventualmente, las mesas fueron divididas entre aquellos que creían que el agua subiría, aquellos que creían que bajaría, los que pensaban que quedaría igual, y un cuarto grupo que oraba por la maldición del lago Emaki. Dos parejas habían terminado en mesas separadas, y uno de los esposos estaba llamando a un abogado. Dori había sacado algunas toallas frías para aliviar los ojos morados y arañazos, y todas fueron debidamente cortadas para comparar densidad, tejido y absorción. Sam rompió una de las antorchas para construir la canoa del modelo, pero la vela incendió una esquina del mantel donde Leonor había chorreado su trago completo sobre la camisa de su padre. El agua del recipiente fue volcada sobre el incendio y los peces comenzaron a agonizar sobre el plato de atún. Uno de los bebés en la sala lloró hasta quedarse dormido. Una de las niñas de Cora se cortó el dedo con un vaso roto y Jonathan tuvo un ataque de ansiedad cuando uno de sus ahijados se tragó un pececito entero.

Eran casi las 4 AM cuando Tom y yo volvimos al auto, empapados y demasiado alterados para hablar. Ya en la puerta de mi edificio, Tom bajó a abrirme la puerta y me abrazó con todas sus fuerzas. Le di un indecoroso beso de buenas noches y prometí que lo llamaría al despertar.

–¿Sabes? –me dijo. –Nunca me has contado por qué te divorciaste la primera vez.

Amargo de angostura

Queda muy poco de tu dulzura en mi lengua.
Y creeme que
no pienso malgastarla en limonada.

INFORME DE HALLAZGO URBANO

Dirección Nacional de Protección Ambiental

Fecha:	martes 6 de abril de 2016
(9:00 a.m.)	
Reino:	Animal
Filo:	Cordado
Clase:	~~Mamif~~ Desconocida
Orden:	Desconocida
Familia:	Desconocida
Género:	Desconocido
Especie:	Desconocida
Sexo:	~~Desconocido~~ Macho
Edad estimada:	Indeterminada

Detalle fisiológico

No puedo decir qué tipo de animal es: no es tan fácil como distinguir una boa, un tucán o una taltuza. No es mayor al medio metro y no pesará más de dos kilos. Tiene la piel brillante y estirada como una serpiente de color caramelo, pero no se le notan escamas, ni plumas, ni pelaje. Tiene los ojos muy negros que apenas separan el iris y la pupila. No consigo compararlo con cualquier otra especie que conozca, pero siento que tiene piel cálida, incluso más que la mía. Anda en cuatro patas sin uñas ni huellas. Su lomo tiene varias espinas largas pero sin filo. Creo que son alas o brazos. Tiene el hocico pequeño, pero sugiere que tiene dientes roedores.

Detalle conductual

La criatura no ha hecho un sonido. Tampoco se mostró agresiva, pero pareciera evadir la luz. He colocado una taza pequeña con agua y un poco de papel periódico en la olla donde le contengo. Desconozco qué podría darle de comer, pero he visto que ha roído varias páginas de libros viejos y postales; las deseché por tratarse de un riesgo biológico. No sé si éstos sean objetos tóxicos para él. Trataré de encontrar más información de la criatura en Internet para acompañar mi informe. Mi gato no ha parado de amenazarlo, pero el animal no le responde.

Relato del hallazgo

Encontré a la criatura agazapada en uno de los estantes de un armario viejo. Es un espacio poco transitado en el apartamento, sin ventilación ni luz natural. Aún no encuentro una ventana abierta o un agujero por dónde entró. Pareciera que llevara bastante tiempo en su espacio, pues había varias marcas de mordidas en la madera. La capturé con una toalla y no percibí mucha resistencia. Mi gato parecía asustado cuando saqué a la criatura, pero luego comenzó a gruñirle como sucede con los pájaros, por lo que elegí encerrarlo (al gato) en otra habitación. Conociendo la costumbre que tienen varias personas de mantener criaturas exóticas ilegalmente decidí contenerla en una olla grande sobre una banca alta y esperar indicaciones de las autoridades.

Firma: Rosa Chiara

ACTUALIZACIÓN miércoles 7 de abril 2016 (11:28 a.m.)

La DINPA no ha respondido mis llamadas, así que trataré de mantener un monitoreo de lo que sucede con este animal. No he hallado datos exactos en Internet para entender a qué es. Suelo escuchar que muchas especies se extinguen diariamente, pero tal vez simultáneamente se descubren otras. El animal no se ha movido mucho en mi presencia, pero una vez me alejo empiezo a escuchar el revoloteo rápido de los periódicos. El revoloteo es más fuerte cuando se escucha algún quejido del gato. Tampoco he visto cómo ni cuándo se ha bebido tres tazas de agua, solo me he asegurado de que no pase sed. Lo mantengo en penumbra dentro de mi oficina y he sido cuidadosa de no tocarlo. Si lo observo directamente, él me mira sin moverse. Creo que tiene miedo. Pareciera no tener deseos de salir de la olla, así que he decidido no taparlo demasiado y dejarlo tranquilizarse. Mi madre hospedará al gato para que no lo moleste.

ACTUALIZACIÓN jueves 8 de abril 2016 (10:15 p.m.)

He preguntado inútilmente en el edificio si alguien ha perdido una mascota. Por si acaso, coloqué unos avisos en la recepción, la lavandería, la farmacia y la tienda, pero como ignoro qué animal es este, solo escribí "MASCOTA ENCONTRADA" y mi número telefónico. La criatura ha gruñido hoy, o graznado, o ronroneado- no sabría cómo decirlo. Su sonido se asemeja a un gemido ronco con intermitencia de un segundo. Imaginé que tendría hambre o frío, así que le coloqué una toalla sobre el lomo y coloqué otra taza con alimentos: jamón curado, nueces, uvas verdes y unas cuantas croquetas de comida para gatos. Salí de la habitación y una hora después noto que ha mordisqueado todo sin comerse mucho. Tal vez sea un cazador después de todo. Tal vez busque algún insecto o un ratón, pero yo no tengo la voluntad de capturárselo.

ACTUALIZACIÓN sábado 9 de abril 2016 (2:03 a.m.)

Acabo de despertar con el sonido de raspaduras sobre la olla de metal. Pensé que el animal quiso escaparse y cuando llegué solo encontré los rasguños marcados en la base de la olla, siguiendo círculos perfectos en el fondo. Al parecer, sus patas tienen garras retráctiles. Cuando me vio con la linterna comenzó a erguirse para seguir la luz. Iba a alejarme cuando empezó a llorar emitir sus gemidos. Encendí la luz pero los sonidos crecieron hasta que me acerqué. La criatura me observó unos segundos antes de saltar sobre mi hombro. Me asusté y grité, pero no pude golpearlo por miedo de que me mordiera, así que traté de sacudirme violentamente. El animal se aferró a mi clavícula con sus patas delanteras y sentí que sus espinas se enlazaron alrededor de mi cuello y hombros. Frotó su cabeza contra mi quijada y apretó sus extremidades hasta que dejé de moverme. Tuve el reflejo de acariciarlo y pareció sentirse a gusto. No creo que tenga piel venenosa. Tal vez solo necesita compañía. Intentaré acomodarlo a mi lado para pasar la noche como lo haría con mi gato.

ACTUALIZACIÓN domingo 10 de abril de 2016 (11:38 p.m.)

Hoy, la criatura estuvo de lo más tranquila. Nada nuevo. Durmió, comió, durmió, comió, durmió, comió…

ACTUALIZACIÓN lunes 11 de abril de 2016 (6:20 p.m.)

Se ha dejado acariciar y cargar sin protestas, y si lo dejo en el suelo me sigue por todo el piso. Corre muy rápidamente pero no puede saltar más que mi gato. Una de mis hermanas estudió biología por un tiempo y usé sus libros para explicarme ciertas características. Intuí desde el primer día que era un vertebrado, pero no encontré su ombligo, así que aunque tenga sangre caliente puedo descartar que sea un mamífero. No tengo la menor idea de qué otro factor podría identificarlo. Lo que sí encontré fue una pequeña protuberancia redonda que se hunde bajo un pliegue de tejido. Esto podría decirme que es macho, pero tal vez esté equivocada. No quise hurgarlo más porque se ha puesto muy tenso y se ha enrollado sobre su costado.

Las espinas parecieran servirle de tentáculos. Suele acariciarme apretar mi mano con ellas. Trabajo por horas en la computadora y él solo se ha acurrucado sobre mi regazo o junto a mi brazo. Es extraño porque mi gato suele ser más huidizo y travieso. Para curarme de cualquier eventualidad lo he dejado acurrucado con una almohada en la olla siempre que necesito usar el baño, salir por un mandado o cocinar.

Este animal solo emite sus gemidos cuando quiere dormir o comer. Noto que ha comenzado a comer más: prefiere las uvas y las almendras. Detesta la comida del gato.

ACTUALIZACIÓN miércoles 13 de abril de 2016 (4:59 p.m.)

Sigo sin recibir llamada de la DINPA o de algún vecino. Me preocupa que nadie venga a recogerlo. No sé si podré cuidarlo si continúa creciendo o si se enferma. Consulté a mi veterinario sobre la posibilidad de que revisara al animal, pero me ha dicho que necesita el visto bueno de las autoridades antes de actuar. Por el momento solo ha aceptado a ayudarme cuidando a mi gato, pues mi madre ya no lo soporta.

He pensado en subir algunas fotos en Internet, pero temo que la gente podría tomarlo por una broma, una cadena o una noticia amarillista. O peor, alguien podría fingir ser el dueño del animalito y llevárselo a negociar como a otras mascotas ilegales. He oído que a algunos animales los maltratan o los matan para sacarles plumas o huesos. Seré lo más discreta posible hasta que sepa que él estará a salvo.

52

Descubrí que a él le gusta la música. Sus espinas suben y bajan suavemente cuando escucha armonías de pianos, bajos y guitarras. Ha gemido para que yo vuelva a reproducirle un disco de Joni Mitchell. Tengo la impresión de que conociera esa canción de *God Must Be a Boogie Man*, o al menos creo que lo escuché tararearla con sus sonidos más graves. Así empecé a llamarlo Mingus.

Creo que no he mencionado que Mingus evita mojarse a toda costa. Ayer intenté bañarlo pero solo se enrolló hasta que lo alejé del fregadero. Hace unos minutos estaba duchándome y supuse que él estaría sobre mi cama quietecito escuchando música, pero cuando me vestí lo encontré en la alfombra de mi oficina royendo la mitad de una edición de *The House on Mango Street* del estante más bajo en la librera. Otras portadas y pastas estaban en el suelo: las páginas habían sido arrancadas nítidamente con el hilo aún tenso sobre el cartón. Le grité y me acerqué para arrancarle el libro. Sus espinas me golpearon en la muñeca y abrieron una cortada larga y delgada. No supe qué hacer. No quise ni quiero lastimarlo.

Mingus siguió masticando sin preocupaciones. Terminó de comerse el libro en cuestión de segundos, y luego se acercó a mi pie y comenzó a acariciarme para que lo cargara. Una vez lo deposité en la olla hice un recuento de los daños. Había destruido casi una docena de libros, unas novelas viejas de mis años en secundaria y otras más nuevas que había comprado en los aeropuertos. Mi gato tiene también tendencias destructivas, pero por tratarse de una oficina llena de cables, discos, rapidógrafos, carpetas, ganchos y libretas, me parece sumamente extraño que Mingus haya ignorado cualquier otro objeto que no fuera un libro.

ACTUALIZACIÓN domingo 17 de abril de 2016 (3:03 p.m.)

Una vecina vino sorpresivamente a visitarme hoy para tomar el té. Mingus tuvo a bien quedarse en su olla mientras platicábamos. Creo que ayer aprendió a escapar de la olla para subirse a la librera de la oficina. Ha acabado con más libros, pero mis intentos de detenerlo han derivado en golpes de sus espinas. Interrumpí la plática porque Mingus comenzó a gemir repentinamente. Mi vecina parecía confundida, pero supuse que ella, siendo bióloga de carrera, entendería mejor si se lo mostraba. Le traje la olla, acomodé a Mingus sobre mi antebrazo y solo bastó un segundo para que ella me volviera a ver espantada. Se levantó inmediatamente y prometió que buscaría ayuda urgente. Quise explicarle que Mingus no era peligroso, pero ella se despidió y salió del apartamento sin voltear.

ACTUALIZACIÓN lunes 18 de abril de 2016 (7:34 a.m.)

Mi madre me llamó esta mañana preguntando por mí y por el gato. El veterinario le ha reprochado que no he devuelto sus llamadas. Le dije que aún estoy en espera de ayuda, pero que no tengo una prisa real porque Mingus no parece sentirse incómodo. Ella me escuchó y aceptó traerme unas cuantas novelas viejas que ya no le interesara releer. Mingus, le he dicho, ha tenido a bien comerse todas las mías, pero favorece las clásicas inglesas. Quise corregirlo, pero he llegado a entender que una criatura tan sola podría necesitar un breve y extraño placer. Mi madre vendrá mañana, me ha dicho, con libros, gasa y otras cosas que necesito.

INFORME CERRADO

El presente caso numerado 147-0604–2016 fue desacreditado como falsa alarma por la DINPA el 19 de abril de 2016 tras el escrutinio de la Licenciada Sonia Enríquez de Paz, directora de la secretaría de Preservación de Fauna.

La DINPA ha extendido la presente documentación única del caso 147-0604–2016 bajo el requerimiento del Ingeniero Allan Roberto García Osorio en el Caso de Seguridad Civil pertinente a Ana Rosa Chiara Solís, como evidencia legalmente validada para su evaluación de competencia psicológica y capacidad de riesgo.

San Jacinto de La Montaña,

a 20 días del mes de abril, 2016.

Firma: Lic. Marta Arrecis de Romero

Desvío

El papel
 por supuesto
aguanta con todo.

Por ejemplo:
el trazo tonto donde dice
que tengo un imán contigo
en el dorso de una cerveza.

La mancha absurda
de tus dedos
me encuentra el norte
en cualquier camino

     y así regreso a casa,
     sin el mapa y solo con la rosa.

Y es divertido, dicen.

Tengo este absurdo pasatiempo
de la reconstrucción.

Metódica,
busco las piezas de todos tus colores
e intento recordar tu forma en el sol.

No soy exactamente productiva,
pero no importa–
puedo perderme todos los jueves que quedan
solo para aprenderme el patrón de tus bordes
y resolver tus sombras.

Idealmente te tendría por completo,
pero sigue encantándome cómo nos desarmás.

Turbulencia

No tengo la menor idea de dónde encontrarte. Repaso todos mis pasos desde el borde de la cama hasta la reja del parque, sobre la plaza y en el café de la estación. Han sido dieciséis horas, casi el tiempo que podría cubrir la buena discografía de Bowie, pero en este punto no escucho más que los vuelos de madrugada. El aliento de Rodrigo apenas me mueve pelo.

Tengo la impresión de un eco que imprime la música en mis oídos. Siento las vibraciones subiéndome en las piernas, las percusiones extrañamente desordenadas cuando me concentro en mis propios latidos. Me pasa eso siempre que voy a una fiesta, o a los bares donde la gente espera que baile. Tardo varias horas en acostumbrarme al ruido de nada. El bar de anoche al menos tenía buena música, más que nada rock clásico. Y Rodrigo tampoco baila. Cree que estoy dormida ahora.

La verdad es que no he dormido nada. Te conozco lo suficiente como para preocuparme cuando haces las mismas preguntas. ¿Querías decir recursivo? La semana pasada me acompañaste a la estación otra vez. Ambos compramos un periódico vespertino que nadie leyó. ¿Sabías que cuando no tienen una noticia de impacto suelen repetir las notas rojas? No es tan complicado. Si te fijas bien en los nombres y las ubicaciones, las armas implicadas y los dolientes, notarás que basta con cambiar la fotografía del cuerpo. Todas las lonas son la misma, todas las calles ensangrentadas son la misma. La misma gente las olvida y las vuelve a comprar.

Supongo que es algo muy humano, repetir. Los doctores los llaman ciclos. Si no existieran los patrones no existirían la ortografía, los experimentos o los detectives. Tampoco habría supersticiones ni optimistas. Por ejemplo: un patrón consiste en saber que algo no está bien cuando el día termina con cinco, cuando llueve recio y se me empieza a olvidar que te conozco. Seguramente sería muy mala detective.

El silencio también parece algo muy humano. ¿Has oído el escándalo de los pájaros en los arriates cuando dan las seis? Te pone a pensar que hay demasiados pájaros que no ves, y que no cantan tanto como llaman. Rodrigo me llama "Bella", y es dulce porque piensa que no puedo escucharlo aún. Cuando me llamaste por teléfono ayer escuché por veintiocho segundos, pero solo eran ecos. No existe una tecnología adecuada para acompañarse sin hablar, pero John Cage compuso un silencio de cuatro minutos y treinta y tres segundos para sugerir que todo lo que hacemos es música. Seguramente no vivía junto a un aeropuerto.

Dudo mucho que hayas tomado un vuelo. Los boletos son carísimos y a esta hora todos salen hacia el norte. Bueno, ayer me sorprendió el ruido de una avioneta. Desperté antes de lo normal porque sus zumbidos estaban más cerca del suelo, y son mucho más agudos que los de un jet. Odio empezar el día así, especialmente cuando sé que tengo muchas tareas atrasadas y presiento que la coordinación va a buscarme. En la tarde estaba a punto de mandarlo todo al infierno. Quise renunciar como lo hacen en las películas, con un discurso espontáneo y rompiendo una ventana con un monitor de computadora. Pensé que te reirías mucho cuando te lo contara. Describí el episodio completo en un mensaje de texto. ¿Crees que podría levantar un monitor para lanzarlo con suficiente violencia? Quisiera que el cristal se destruyera completamente, no con un solo agujero intermedio. Podría saltar por el marco de la ventana y volar por los aires mientras la gente observa y se pregunta cómo le gané a la gravedad desde el tercer piso. Prácticamente sería magia.

Entonces pienso que no podrías haberte ido muy lejos sin el amuleto. Puedo sentirlo pegado a mi cuello, marcándose en huellas rojas. ¿Sabes? He soñado con cortar la cuerda y verte tambalear para recuperar las cuentas de obsidiana. Con golpes llanos, decenas de esferas se pierden en las grietas del piso y florecerán en miles de años como árboles de piedra negra y maciza. No habrá pinos ni arroyos, pero sí árboles de obsidiana y nubes de plata que detengan los aviones. Seguramente habrá más poetas que contadores. Para ese entonces existirá la magia, y muchas cosas que aún ignoramos o preferimos callar serán sabidas.

Rodrigo no sabe que ya desperté. Quiero que siga recorriéndome con sus dedos delgados, que hable solo y conmigo, porque aún no consigue pronunciar todo lo que quisiera. Yo sé que él sonríe, como sabes que lo haría el champán. Rodrigo no baila pero sabe reírse. Hace unas horas hablaba de reyes y tontos, de amor, de constelaciones y pianos. Tres horas que ni siquiera sentí. Nada fue más fácil que darle mi mano.

De hecho, también sería fácil renunciar. Sería como escribir poesía, o como comprar un boleto para la madrugada. Olvidar también es fácil, pero eso me preocupa. A ti se te olvida que existo, y que posiblemente podría morir si salto de una ventana rota en el tercer piso.

Por eso no sé si podrías reconocerme con el vestido blanco que estrené, con el pelo trenzado y los lentes puestos. Tengo la impresión de que no puedes reconocerme sin las drogas, pero no hay un amuleto para eso. Quizás un día compre una brújula, porque no confío en los teléfonos que nunca contestas ni en los periódicos que inventan muertos. Prefiero hacerme la dormida para darme el tiempo de recordar los pasos y dieciséis horas que están volviéndose silencio. Pero hoy es 25 de mayo, y lo prudente será levantarme y buscarte. Podría empezar a desvanecerme, hundirme en una curva sobre la espalda de Rodrigo, en un latido suyo. A veces quisiera tener tu suerte.

Fundamental

La gravedad funciona
de la siguiente forma:

Cortás mis cuerdas,
mis pasos se enfilan
y vuelvo hacia vos,
buscando el universo que te habita.

Caigo aletargada
mientras someto al viento
y el tiempo se me encoge
hasta romper su esfera.

Talvez no sea la manera correcta de explicarlo,
pero lo mío es la verdad, no la certeza.

La invitada

Isabel abrió la puerta en cuanto regresé de la oficina y la sorprendí con uno de sus buenos vestidos y el pelo recién cepillado. Me dio un beso rápido mientras se colgaba el bolso y la chaqueta en los hombros.

—Hola, Amor. Voy a ver a mi amiga Carmen hoy. Cenaremos juntas y eso. Hazme el favor de revisar que Julito termine la tarea de álgebra y pregúntale a Elena de qué va el libro de su clase de inglés. Regreso a las diez. Hay dinero para pizza en la refri, y una cerveza para ti. Los quiero. Adiós.

En principio no me lo esperaba. Isabel raramente salía por las noches, y no recordaba que alguna vez me hubiese mencionado con tanto cariño a la tal Carmen. Pero de nuevo, yo mismo admito que suelo desconectar mi atención cuando empieza su soliloquio de chismes en el club de lecturas, el cuchubal, la clase de yoga y el grupo de Tupperware. Me serví la cerveza, ayudé a los niños con sus deberes y ordené la pizza con doble pepperoni que mi mujer nos prohíbe. Comimos con gusto y nos quedamos viendo una película de miedo propuesta por Julio que inevitablemente se durmió a los veinte minutos.

A eso de las diez y diez escuché el carro de Isabel. Los niños ya estaban acostados y yo me estaba lavando los dientes. Ella me saludó con un beso más tranquilo y empezó su ritual de cremas y limpieza mientras la esperaba en la cama. Agradeció mi ayuda, y yo le agradecí que me dejara jugar al papá divertido. Isabel sonrió antes de apagar las luces y me indicó que el próximo jueves sería igual.

La verdad es que no paso mucho tiempo con mis hijos, y ese viernes le comentaba a Sergio cuánto agradecía que Isabel tratara de involucrarme.

—Dígame, ¿usted es así de tonto? ¿Realmente cree que su mujer salió a ver a una amiguita? Cuando Rosario salía con su amiga, en realidad me estaba poniendo el cuerno con un mocoso de su clase de psicología. ¿Me entiende? Las mujeres no tienen amistades súbitas.

No quise creerle, o más bien no sabía si podía creerle. Isabel y yo no discutíamos tanto. Nos acostamos una o tres veces por mes; y supongo que es lo normal. Somos prácticos y eficientes para satisfacernos mutuamente, y es muy raro que alguno de los dos rechace el avance. Pero ninguna de esas ideas consiguió mitigar mi duda, y cuando volvimos al jueves dejé a Elenita a cargo a de su hermano mientras salía a "comprar comida china".

Perseguí el carro de Isabel a unos diez metros de distancia, confiando que ella difícilmente me reconocería por el vidrio oscuro. Mi pulso se disparó cuando la vi tomar un desvío al centro comercial. ¿Pensaría dejar ahí el auto para reunirse con su amante? Pues, no. Isabel estacionó frente a una cafetería y regresó al carro cinco minutos después con un paquete de pastelitos en sus manos. Volvió a las calles de tránsito y la seguí, planeando una y mil cosas que le gritaría en cuanto la viera reunirse con el desgraciado. Creo que conduje por quince minutos hasta que ella paró frente a una zona residencial. No estoy orgulloso de lo que hice, pero bajé unos metros antes y decidí ocultarme entre unos árboles mientras Isabel tocaba el timbre. En segundos apareció una mujer arreglada idéntica a Isabel, pero en otro color. Se saludaron y abrazaron eufóricas mientras un perrito correteaba a sus pies. Entraron y volví a mi auto sintiéndome como un perfecto imbécil. Compré el chao-min y mandé a los niños a dormir más temprano de lo normal. No me confesé, pero esa noche le hice el amor a Isabel con un extraordinario entusiasmo.

Los jueves adoptaron esa preciosa rutina: Isabel salía con su amiga y yo les compraba comida a los niños y veíamos películas. Isabel volvía, hacíamos el amor y dormíamos confiados y satisfechos. Por meses, no volví a discutir mi vida personal con Sergio, pero en un almuerzo, ya con un par de cervezas encima, le conté todo el ridículo episodio de la "infidelidad". Sergio no se rio.

—Licenciado, por favor perdone si siente que estoy propasándome, pero ¿no le parece un poco sospechosa esa amistad de su mujer? Digo, yo tenía esta cuñada que salía a la iglesia con su amiga todo el tiempo, al rosario, a la romería, a la velación... Y ahí estuvo que un Viernes Santo dejó a mi hermano y le anunció que ahora es lesbiana. Se cortó el pelo, dejó de ver a los hijos y vive en no-me-acuerdo-qué ciudad de Florida. Así empezó todo, ¿ve?, ella muy devota y resultó tortillera.

Me gustaría decir que ignoré la historia de Sergio, pero ese jueves no conseguí una erección. Acaricié a Isabel hasta que nos quedamos dormidos y creo que ella lo resintió. El sexo desapareció los jueves, pero también los sábados y los domingos cuando los abuelos recibían a los niños. Cenábamos en familia un lunes cuando Isabel anunció que Carmen la visitaría el jueves. Los niños se quedarían a dormir donde mi suegra y yo cenaría en el estudio, a solas, para luego recluirme a ver televisión en la sala. Los niños aceptaron encantados y yo no pude tragar otro bocado.

¿Acaso Isabel me pediría un trío? Quise resolver esa duda en cuanto apagamos la luz y puse mi mano bajo su camisón. Isabel enfureció. Me llamó un sucio y rogué por una hora para que me perdonara esa "broma de mal gusto". Me retiró la palabra hasta la tarde siguiente, pero esa noche estoy casi seguro de haberla escuchado sollozar. Evité tocarla, o siquiera rozarla, durante toda esa semana y ella nunca reclamó.

El jueves llegó y la tal Carmen entró a la casa con una pequeña maleta. Ella y mi mujer, de nuevo, se veían casi idénticas, con rizos artificiales y vestidos coordinados de color pastel. Carmen me saludó muy educada y me entregó unas cervezas. Con un gesto, Isabel me envió al estudio y comí y bebí en mi escritorio. Caminaba a nuestro cuarto a acostarme cuando escuché un sospechoso cuchicheo en la sala. Voces extrañas, alteradas y alternadas con risitas y gimoteos. No pude resistir la duda y recordé una travesura de Elena unos años atrás, cuando se prendía del barandal de las gradas para bajar al primer piso sin hacer ruido, robar unas galletas de la cocina y luego volver a su cuarto sin que su madre ni yo lo notáramos cuando entreteníamos visitas.

Con los brazos tensos en el barandal, bajé lentamente hasta divisar la sala. Carmen y mi mujer no ocupaban los sillones. Estaban reclinadas en el piso, y en sus manos cada una cargaba una muñeca. La maletita abierta rebosaba de vestidos y sombreros diminutos, y el juego de plata de nuestra boda había abandonado su puesto de honor al fondo del trinchante para servir pastelitos y té de frutas. Escondido desde el descanso de las gradas, las vi peinar, vestir, regañar, consolar y alimentar a las niñas plásticas. Isabel abrazaba a su rubiecita con una ternura que nuestros hijos ya habían olvidado. La llamaba Margarita. Trepé por la baranda y me metí a la cama sin lavarme los dientes. No sentí cuando Isabel volvió, pero desperté con su cabeza en mi hombro.

Ahora bien, prometí que no volvería a comentarle mi vida íntima a Sergio, pero en este caso supuse que podría permitirme una excepción. Le dije a Isabel que trabajaría tarde el viernes y antes de cerrar lo llamé a mi escritorio y le extendí una bolsa de almacén. Jamás podré describir su expresión cuando extraje los dos carritos a control remoto con baterías incluidas. Afortunadamente, ya nunca nos queda tiempo para hablar de cuñadas, lesbianas y cuernos. La otra ventaja es que ninguno de los dos toma el té.

El hechizo de ella

Hasta que inventen un antídoto para los miedos
habrá que confiar en el encantamiento de tus manos.
Digo,
tiene sentido cuando pienso
en tu pelo rizando las nubes
y cubriéndolas de mariposas.

Estoy despierta.
Intuyo tus dedos
cortándome las orquídeas del sueño,
tu boca llenándome de sílabas tiernas.
Estoy despierta,
curiosa
y extrañamente
 bella en la luz que solo tus ojos tocan
cuando inventás la mañana,
cuando tu magia tuerce el viento
en espirales perpetuos.

Por eso conservo mi único amuleto:
tu beso de rojo, naranja y cerveza

marcado en mi cuello.
Suelo imaginar que la felicidad
es la clara música que nace en tu cuerpo
y canta con el sol.

Calypso

Sobre mi escritorio, centenas de réplicas habían devuelto el mismo resultado. Un sencillo error de cálculo, cuestión de un símbolo, factorial y ocho coma tres ceros, fue publicado hace seis años en mi tesis doctoral. Apenas el año pasado firmé mi aporte para textos escolares y universitarios. Múltiples trofeos y medallas con mi nombre pasaron a adornar el pasillo de Física en la universidad.

Estudié a Calypso por más de una década. Cuadré su curvatura y masa; diagramé el alcance y sondeé las posibilidades de explorarlo. Desde mi primer reporte lo llamé un riesgo improbable. Un agujero negro de esa magnitud tardaría hasta diecisiete millones de años en alcanzar nuestro sistema solar.

Pero si Klaus, mi asistente, no me hubiese preguntado la variable de presión degenerativa, quizá jamás habría descubierto la verdad. Tardé menos de un minuto en resolverle la derivada, comparando sus mediciones con las variables grabadas en mi memoria. Justo cuando pronunciaba la respuesta supe que la Tierra sería obliterada en menos de dos días.

Mis manos estaban acalambradas. Forcé todas mis hojas de cálculo en el minúsculo papelero debajo de mi escritorio. Me levanté sin responder la otra pregunta de Klaus y me alejé del campus hasta alcanzar el Gerndarmenmarkt. El sol comenzaba a ponerse a eso de las siete y las sombras delineaban siniestramente la silueta de Schiller sobre la plaza. Nevaba sin prisa por aquello de la ironía. Tardé varios minutos en percatarme de que olvidé mi abrigo.

¿A quién diablos le deberías avisar que está a punto de extinguirse el planeta? El Departamento de Física me despediría, pero ya para qué. Pasarían el minúsculo resto de sus vidas cuadrando medidas cósmicas hasta que llegara la oscuridad. De todas formas llegarían a la misma conclusión: ninguna tecnología existente podría superar el impulso de Calypso. Y yo ya podía predecir la respuesta del G8: cientos de miles de cabecillas nucleares serían disparadas al vacío del espacio. No tendrían el menor efecto sobre el agujero y sus remanentes de polvillo pasarían a envenenar el aire y el agua. Una dolorosa y lenta muerte por intoxicación radioactiva sería excesivamente cruel, incluso para la humanidad como está ahora.

Pensé en mi madre que seguramente recién se levantaba a rezar allá en Savannah. Poco después de que mi papá se fuera, ella y su grupo de la iglesia se reunían en nuestra sala para hablar de la gran salvación y los ciento cuarenta y cuatro mil hijos de Israel. Gritaban, cantaban, lloraban y luego se servían café y galletas. Supongo que aún lo hacen. Esperan el fin con tanto entusiasmo que quizá perdonen a Dios o Calypso por no extenderles la cortesía de un refrigerio.

Treintaidós horas es muy, muy poco tiempo. Algunos de mis colegas habrían invertido un lapso menor para una aventura sexual o para sacudirse una resaca. Para mí era una jornada de estudios previa a una disertación, o quizá un ciclo de pruebas controladas. Era incluso menos tiempo desde la última vez que me había duchado o dormido en mi apartamento. Para entonces nunca dejaba la oficina más que un par de minutos para buscarme un sándwich o pasar al sanitario. Viéndolo ahora me sentía profunda e irremediablemente miserable.

Pero entonces pensé en Jessica.

Dejé el apartamento sin llave y pedí un taxi que me dejara en el aeropuerto, sin maletas ni abrigo. Pagué el primer boleto disponible hacia Atlanta, primera clase en una cuenta de la tarjeta de crédito que jamás llegaría a pagar. Minutos después esperaba sentado en la butaca, sintiéndome inconmensurablemente absurdo mientras el resto de las personas bebían café, fumaban y hojeaban revistas.

Una aeromoza me notó nervioso y sonriendo cortésmente me ofreció un whiskey. Jamás en la vida había bebido licor, pero asentí porque no era la peor de todas las cosas que empezaba a reprocharme en la vida. Me sirvió un Macallan doble que me quemó la garganta y me mareó en segundos.

Traté de dormir para pasar la jaqueca, pero el murmullo de los motores me mantuvo incómodamente alerta. No conseguí concentrarme para ver una película o terminar el artículo sobre Meryl Streep –¿o era Susan Sarandon?– en la revista de la aerolínea. Tampoco logré pensar en lo que debía hacer una vez aterrizara. En mi libreta llevaba apuntada la dirección que me proporcionaron dos conocidos: un distinguido suburbio relativamente retirado del lugar donde crecí.

Me quedaban menos de ocho horas cuando salí del aeropuerto de Atlanta a bordo del carro más costoso de la rentadora. Conduje por más de tres horas sin detenerme y finalmente alcancé la casa campestre de dos pisos. Era media mañana y el aire estaba fresco en el jardín. No tenía más tiempo para dudarlo, así que presioné el timbre y suspiré aliviado cuando Jessica entreabrió la puerta. Jamás alcancé a descifrar la primera expresión en su rostro.

Abrí la boca y mi lengua se paralizó. Esa quizá fue la tercera, última y más espectacular de mis peores ideas, exactamente doce años después de la primera y alrededor de diecinueve horas después de la segunda.

Ella abrió la puerta completa para observarme con absoluta seriedad, deteniéndose en mi barba mal cuidada y mi ropa impregnada de whiskey y sudor pegajoso.

— ¿Adam Robson?

Yo no dejaba de admirar con cuánto amor se había reivindicado la pubertad con Jessica, especialmente porque en mi caso se había conformado con estirarme las ya flacuchas piernas. Estaba extremadamente cambiada y a la vez la sentía tan familiar. Discreto, me sequé la mano en el saco y traté de tocar la suya. Me acobardé y ella obviamente se dio cuenta, pero luego dio un largo suspiro y me invitó a pasar.

Mi apartamento nunca tuvo sala, pensé. Jessica me condujo a un mullido sillón de gamuza y anunció que traería algo de beber. Traté de no fijarme demasiado en las fotos enmarcadas, las rosas frescas y el par de muñecos de peluche enredados en una frazada, y así me quedé absorto en el cuadro de un castillo oceánico dibujado con lápiz.

Jessica volvió con un juego de tetera japonesa que reconocí. Sirvió las tazas con cuidado, soplando el vapor lejos de su rostro. El olor a té rojo con moras me tranquilizó de repente. Ella se sentó a mi lado y nerviosamente giraba las argollas en su mano izquierda. Y así, ambos mirábamos hacia el frente para evadir el rostro del otro. Solíamos sentarnos de este modo cuando nos encontrábamos en la biblioteca de la primaria. Intenté sonreír.

—¿Robson, por qué estás aquí?

—Porque no debí voltearme.

Jessica tardó menos de un segundo en entenderlo. Soltó una carcajada nerviosa, idéntica a la que hizo la tarde de la graduación cuando "flemáticamente" le aparté su boca de mi rostro como un dramático desenlace a su confesión. En un minuto me quiso y luego no volvió a hablarme. En ese entonces le aseguré a mi único amigo que en los próximos cinco años conquistaría el viaje aeronáutico, me haría rico y desposaría a una supermodelo suiza. Marco Rivera dejó de responder mis correos tres años después. La última vez que supe, él peleaba una espantosa demanda de custodia contra una actriz a la cual representaba. Jessica susurró.

—Eso ya no importa a estas alturas.

Exactamente. Jessica Dagley fue solo la primera y última mujer que en la vida me quiso, la rara chica de los frenillos y anteojos con quien resolvíamos la tarea de trigonometría y leíamos compilaciones de mitología. Quizá éramos adorables para un par de adolescentes feos, o acaso bestias de una misma especie. La verdad es que nunca entendí cómo comunicarme con otra mujer después de ella. Nunca supe qué pasos tomar o cuándo actuar, y por eso Calypso venía a recordármelo. Ella sola me robaría ese beso y todos los demás.

¿Quedaban dos horas o dos minutos? Tomé su mano sin pensarlo.

—Dagley, no estoy listo para regresar.

Encaje rosa

El pretérito es más bien una ventana,
por error o por diseño.

Ahora entiendo por qué
mi madre se preocupaba tanto
por las cortinas.

El vuelo de la fortuna

Algún día le contaré a nuestros nietos sobre aquella vez que la presidencia de Rodania, atormentada por una deuda impagable para la nación, decidió rifar su jet oficial. No faltará quien conserve su boleto perdedor documentado en una novela o billetera vieja. La prensa y los historiadores han triplicado sus esfuerzos para erradicar ese y otros vergonzosos momentos del legado rodanés, incluyendo aquella vez que sorprendieron a docenas de ministros en una orgía multiespecie, o la semana en que un extraño virus contagió a ocho mil personas que murieron bailando. Pero yo alguna vez conocí a la afortunada y entiendo que ocurrió algo así.

***

Un viernes 19 de junio, Noelia despertó y descubrió que había ganado el avión. Su teléfono estaba saturado de mensajes, timbradas perdidas y notificaciones de todas las páginas de noticias. Sus pies apenas tocaban el suelo cuando ella contestó la llamada del número protegido. Sin introducciones, la voz del otro lado le indicó que saliera en 10 minutos hacia la azotea del edificio. Noelia abandonó su departamento en un helicóptero lleno de soldados.

Tardó menos de diez minutos en alcanzar la base aérea. Habría sido buena idea que ella vistiera un vestido un poco elegante y no sus blue jeans gastados con la playera blanca, pero Noelia estaba inafectada por las avenencias de la política. Siete soldados la escoltaron a un hangar donde el presidente la saludó con una reverencia marcial. Tres periodistas veteranos capturaron el momento histórico cuando el presidente Rigoberto Artigas leyó su número de matrícula y, entregándole la llave y licencia de propiedad, declaró a Noelia la ganadora de una rifa extraordinaria. Comenzaba a recitar la letanía de agradecimientos a ministros, funcionarios y marcas patrocinadoras cuando Noelia lo interrumpió con un susurro.

—Llévenos a París.

—Señorita Campos, espere unos minutos. Le daremos la palabra para que...

—Es lo único que voy a pedirle, General. Puede quedarse con el jet después. Rífelo, véndalo o dónelo como guste. Solo lléveme a París.

—Señorita, ¿usted acaso ignora la importancia de mi puesto? ¿Cree que puedo honrarle, o incluso honrarme semejantes caprichos?

Las cámaras seguían grabando. Los soldados habían alcanzado sus fusiles preventivamente. Noelia se encogió de hombros y sin mirarlo murmuró.

—No sea ridículo. Usted es el presidente, ¿no?

El General Artigas vaciló por varios segundos. En los años venideros muchas leyendas urbanas tratarían de justificar su curso de acción señalando un operativo la CIA, la posesión de un arzobispo disidente y las maquinaciones de un narco, entre otros. Pero el hecho es que Artigas tomó la mano de Noelia y juntos abordaron el jet.

Artigas ladró la orden y el avión despegó solo treinta minutos después. Noelia se acomodó en la butaca principal y el presidente tomó el puesto a su izquierda. Ninguno de ellos obedeció el aviso para abrocharse el cinturón. Artigas apagó su móvil y Noelia nunca supo dónde se perdió el suyo.

—Así que, ¿París?

Noelia lo ignoró.

—Señorita Campos, ¿puedo preguntarle qué le impide recibir su premio como cualquier otro ciudadano?

Encogió sus hombros. La azafata les extendió toallas calientes.

—¿A qué cree que va a Francia?

Un camarero les acercó la cubeta con champaña y dos copas. Noelia se sirvió.

—General, ¿usted se ha divorciado?

Artigas desvió sus ojos a la ventana y suspiró antes de hablar.

—Soy viudo.

—Ah.

Noelia caminó hasta el sofá y se recostó.

—Creo que Rebeca está divorciada ahora.

—¿Quién es…?

—Ya no importa. A veces es lo único que queda.

—Es un poco joven para ser tan pesimista…

—Diecinueve. Creo que es razonable.

El General resopló y volvió a ver la ventana. Cuando él despertó, Noelia había vaciado la segunda botella de champaña y prendido el sonido. Los acordes frenéticos de un bajo prometían sacarle una jaqueca. Una azafata se acercó y le ofreció una toalla para refrescarse. Preguntó si podía servirle la cena.

—Sí, iremos al comedor para...

—Ya comí, General.

Noelia lo interrumpió desde el otro lado de la nave. Bailaba torpemente al ritmo de un trance. La azafata miró a Artigas con vergüenza.

—Nos pidió una libra de queso, nueces y mermelada. Sin galletas ni nada, solo eso.

—¿Una libra de queso?

—No, ella quiso decir una libra de todos los alimentos. Creo que la servimos lo mejor que pudimos, pero se veía molesta con la selección.

—Gracias, Lorena, y perdone. Supongo que los chicos a veces solo necesitan una libra de queso, ¿no cree? Eh… por favor, sírvame un sándwich.

Artigas prendió la pantalla frente a su asiento y tomó unos audífonos. Buscó una película clásica en el sistema de entretenimiento y se acomodó con la frazada. Los créditos iniciales empezaban a brillar cuando Noelia se acurrucó a su lado y puso su cabeza en su hombro. Artigas sintió un nudo en su estómago.

—Mi papá veía esas películas.

—¿Las de Chacho Rivera?

—No, las que están en blanco y negro.

—Algún artista o director le habría gustado.

—No creo que tuviera tanta idea. Realmente solo las poníamos para que durmiera.

Artigas se enderezó y le ofreció unos audífonos.

—No. Yo voy a dormirme también.

Noelia volvió a acomodarse sobre el hombro del general. Tomó la esquina de la frazada y cerró los ojos.

Desinteresados por las peripecias que tendría un país tercermundista, la presidencia francesa despachó a un equipo de practicantes hacia el aeropuerto. No repararon en las menudencias de documentación e integración bilateral: llamaron una limosina y enviaron al presidente y sus acompañantes al Hotel Tamerlane. Entregaron una agenda para que Artigas visitara a varios activistas, exiliados cubanos y líderes espiritistas. Lamentaron escuetamente que el presidente Rimbaud no pudiera recibirlo con tan corta previsión, pero quizá alguien en la oficina vicepresidencial podría acompañarlo para el té de las cuatro, un par de fotos y unas cuantas palabras sobre paz mundial. Salieron sin corresponder el saludo marcial de Artigas.

El general llamó a su asistente y le pidió que declinara todos esos compromisos, y que de paso le consiguiera un traje limpio y una pastilla para dormir. El asistente le indicó que Noelia no había respondido en su habitación. Obviamente, había entrado a la suite presidencial y miraba la ventana hacia la calle.

Artigas se sentó a leer los periódicos, o más bien a mirarlos porque no sabía una palabra de francés. Vaciló, pero resolvió que no quería encender su móvil. Casi una hora después, el general volteó a mirar a Noelia y notó que ella se murmuraba.

—Señorita, creo que es mejor que usted vaya a su...

—General, ¿usted puede subirnos a la Torre Eiffel?

—Señorita, ya he tenido suficiente con sus excentricidades y necesito dormir. Saldré mañana por la mañana para volver a mis funciones y usted es responsable de lo que sea que...

—¿Realmente cree usted que ahí abajo está una ciudad del amor?

Noelia no separaba sus ojos de la ventana. Artigas comenzaba a irritarse.

—Nunca entendí por qué le dicen hacer el amor. Es demasiado sentimentalismo para algo que uno puede hacer en el asiento del auto o el baño del jet. Bueno, imagino que en nuestro jet caben más sorpresas.

La risa depravada de Noelia rebotaba en los oídos de Artigas y coqueteaba con su jaqueca. Estaba a punto de gritarle cuando Noelia comenzó a sollozar. Su llanto escaló a los gritos.

—N-Noelia, ¿está usted bien?

—Rebeca y Jorge se casaron en París, General. Dijeron que vendríamos, porque la gente hace eso cuando se siente feliz: inventa cuentos, promete ridiculeces y jura que se seguirá queriendo y recordando como si nada. Me abrazaron, los dos, y dijeron que era eso. Amor.

—Noelia, creo que no soy la persona indicada para escucharle sus...

—General, ¿usted puede decirme si es cierto que en la Torre hay un apartamento secreto? —sollozó.

Artigas se acercó y puso su mano en el hombro de la muchacha. Susurró.

—Para serle franco, yo nunca había estado en Francia hasta ahora.

Tras la llamada que costó a tres viceministros y una embajadora su empleo, Artigas y Noelia obtuvieron el pase inmediato para subir la Torre. Noelia temblaba, repentinamente consciente del viento helado de la ciudad, y el general decidió prestarle su chaqueta. Pocas personas saben que Gustav Eiffel incluyó un apartamento en la cima de su monumento. Estos días seguramente está impedido su acceso, pero los maniquíes de Eiffel y

Edison llevan varias décadas comentando el atardecer o quizá debatiendo por qué no cesan los ataques terroristas. El guardia les señaló la entrada y con un gesto escueto les recordó que tenían 5 minutos.

Noelia suspiró y volteó con una mueca hacia los maniquíes. Sin reparar en la atención y cuidado que tendrían otras personas con los acabados de madera y muebles antiguos, ella abrió la ventana y se sentó en el marco, de cara a Artigas que aún procesaba el absurdo museo. El general no ha superado las pesadillas del crujido maderoso: es bastante cruel que temamos y temblemos por lo que casi fue o nunca sentimos, aun si no lo quisimos.

—Noelia, la ventana se r...

Ella rio sin sentirlo.

—Sí, sería una muerte hermosa. Solo imagine la vista desde abajo.

***

Esa es la otra ventaja de la ficción: nuestros nietos escucharán un final distinto cada año.

Última y nada

Hablando en serio:
las despedidas son invento futil,
por eso prefiero evitarlas.

Y por eso no volviste a verme.
Probablemente tardaste en entenderlo,
pero para entonces ya habían pasado
todas esas fechas donde teníamos planes,
aniversarios, brindis y tonterías.

Lo prefiero así
porque volverme a tu patio
sería como volver a la infancia
donde nadie muere
y absolutamente todo
es más grande y encantador.
¿Me entendés?

Se requiere mucha inocencia
para creer en la magia y los poemas.
Yo sé que es un poco ridículo que lo diga ahora y así.

Pero de nuevo me aterra volver
a la preciosa juventud que arrastramos:
rojos de tanto correr,
hartos de azúcar
y empapados de llanto.

Claramente no sé escribir finales,
acaso porque me fascinan los inicios
y reinicios.

Algún día
podré contártelo todo
con tinta de plata en el cuaderno negro.

Pero no.
Aún no.
Y esa es toda la diferencia.

Índice

Impreso en Estados Unidos
para Casasola LLC
Primera Edición
MMXX ©

www.ingramcontent.com/pod-product-compliance
Lightning Source LLC
Chambersburg PA
CBHW051308250626
47155CB00009B/3489